THÉATRE

DE

MARION DU MERSAN.

Joly del.

A. Paris, chez Martinet, Libraire, rue du Coq, N.º 15.

*Ah! bon génie; regardez donc par là; ne trouvez-vous pas que cette
mauvaise bicoque qui est là au bout du jardin, gêne la vue?*

Scène XV.

LE NÉCESSAIRE

ET

LE SUPERFLU,

COMÉDIE-VAUDEVILLE EN UN ACTE;

PAR MM. DUMERSAN ET DARTOIS.

Représentée, pour la première fois, à Paris, sur le Théâtre du Vaudeville, le 10 Juillet 1813.

PARIS,

Chez Mme. MASSON, Libraire-Éditeur de Musique et de Pièces de Théâtre, rue de l'Échelle, N°. 10, au coin de celle Saint-Honoré.

Imprimerie de DELAGUETTE, rue Saint-Merry, N°. 22.

1813.

<table>
<tr><td>

PERSONNAGES.

</td><td>

ACTEURS.

</td></tr>
</table>

LE CALIFE AROUN RASCHILD, . . M. Isambert.

GIAFAR, son visir, ... M. Fontenay.

ARLEQUIN (1), ... M. Laporte.

AZÉLIE, ... Mlle. Betsy.

La scène est à Bagdad.

*Le théâtre représente une misérable cabane,
dont l'entrée n'est fermée que par un morceau de
tapisserie ; on y voit, pour tout meuble, une
natte de jonc, et un petit escabeau de bois.*

---

(1) Dans les troupes où il n'y a pas d'arlequin, ce rôle peut être
joué sans masque, par un jeune comique ; il suffira de substituer
le nom d'*Aladin*, à celui d'*Arlequin*.

LE NÉCESSAIRE

ET LE SUPERFLU,

COMÉDIE - VAUDEVILLE.

SCÈNE PREMIÈRE.

LE CALIFE (1) *et* **GIAFAR** (*entrant avec pré-caution*).

LE CALIFE.

VOILA donc la demeure du pauvre misérable qui a sauvé la vie au commandeur des croyans !

GIAFAR.

Oui , seigneur , la nuit où , déguisés en marchands arméniens , nous fumes attaqués dans un faubourg de Bagdad.

LE CALIFE.

Tout ici annonce la misère la plus profonde , et pourtant l'homme qui habite ce réduit est peut-être moins à plaindre que moi , dans mon palais , entouré de richesses et d'honneurs.

GIAFAR.

Qu'a donc à desirer sa hautesse ?

LE CALIFE.

Ah ! mon cher Giafar !

Air de M. Doche.

L'univers fléchit sous ma loi ;
Rien ne surpasse ma richesse ;
L'amitié veille auprès de moi ;
Irza partage ma tendresse :
Cependant , au fond de mon cœur ,
Un souci cruel me dévore ;

(1) Le costume du calife doit être simple et noble : c'est un dessous blanc et un long doliman bleu, bordé d'une fourure noire ; le turban bleu.

Je suis au comble du bonheur ,
Et ne suis pas heureux encore.

Tous ces honneurs que l'on me rend
Me semblent offerts par la crainte ,
L'amitié que me montre un grand
N'est souvent qu'une amitié feinte ;
J'aime Irza du fond de mon cœur,
Mais je connais la jalousie :
C'est donc du comble du bonheur,
Que naît le malheur de ma vie.

GIAFAR.

Et sa hautesse croit que ce pauvre homme est plus heureux qu'elle ?

LE CALIFE.

Sans doute. Ses desirs sont bornés à sa situation.

GIAFAR.

Ah ! seigneur ! cet homme a peut-être, dans sa bassesse, plus de passions, des desirs plus vastes que vous, qui voyez un empire à vos pieds.

LE CALIFE.

Tu es toujours le même, mon cher Giafar, tu crois connaître les hommes.

GIAFAR.

Je les étudie, et ce n'est pas la science d'un jour.

LE CALIFE.

Comme nous en sommes convenus, tu t'es bien informé des mœurs , des habitudes de ce pauvre homme ?

GIAFAR.

Sous l'habit d'un corsaire, son voisin, j'ai plusieurs fois causé avec lui. Il passe dans son quartier pour un honnête homme ; il est estimé de chacun , et son humeur originale et enjouée lui a fait beaucoup d'amis.

LE CALIFE.

Quoique le hasard seul soit la cause du service qu'il m'a rendu, je prétends le récompenser d'une manière digne de moi ; mais tu sais, Giafar, que j'aime l'incognito, je veux qu'il ignore à qui il a sauvé la vie, et qu'il ne sache pas qu'en faisant son bonheur, c'est une dette que j'acquitte.

GIAFAR.

Air : *Un jour il est agriculteur.*

Cacher, en versant les bienfaits,
La noble main qui les dispense,
N'est-ce pas ôter des attraits
A la douce reconnaissance ?

LE CALIFE.

J'imite un fleuve généreux
Qui, dans sa bienfaisante course,
Féconde son rivage heureux,
Et nous laisse ignorer sa source.

Je veux voir les effets de la surprise et de la joie chez un homme sur qui vont se réunir toutes les faveurs de la fortune. A-t-on fait les préparatifs que j'ai ordonnés ?

GIAFAR.

Vos esclaves sont dispersés dans les environs, et prêts à vous obéir au premier signal. J'entends du bruit, c'est lui, sans doute, qui rentre, retirons-nous.

SCENE II.

LES MÊMES *cachés*, ARLEQUIN.

ARLEQUIN (*pleurant*).

Hi ! hi ! hi ! que je suis malheureux ! sous quel astre suis-je né ! La fortune me tourne le dos. Je ne peux réussir à rien. Cependant, qu'est-ce qui me manque pour cela ? J'ai de l'esprit, j'ai de la taille, de la figure, tout ce qu'il faut pour avancer dans le monde !... Eh bien ! je n'ai pas même le moyen d'avoir une lampe pour m'éclairer ! heureusement qu'il fait clair de lune. O Mahomet ! je ne demande pas grand' chose ; je ne desire pas des palais, des pâtés de perdreaux, des beaux habits, des ortolans, des voitures, des sucreries : si j'avais seulement le nécessaire ! je serais content.

LE CALIFE (*à part, à Giafar*).

Tu vois, Giafar, que tu t'étais trompé. Peut-on être plus modeste, il ne demande que le simple nécessaire. Laisse-moi seul un moment.

GIAFAR.

Je ne m'éloignerai pas.   (*Il sort.*)

SCENE III.

ARLEQUIN, LE CALIFE *(caché)*.

ARLEQUIN.

Puisque je n'ai pas à manger, couchons-nous. Je tâcherai
de rêver que je fais un bon repas ; ce sera toujours ça.

AIR : *J'en guette un petit de mon âge* (des Amazonnes).

Lorsque je dors, de jolis songes
S'unissent pour charmer mes sens,
Hélas ! pourquoi leurs doux mensonges
Ne durent-ils pas plus long-temps !
Fortune, amours, quand je sommeille,
Me rendent heureux un moment ;
Mais le bien qui vient en dormant
S'enfuit sitôt que je m'éveille.

Le lit ne sera pas long à faire *(Il déroule une natte)*.
Allons, couchez-vous, monsieur Arlequin, et tâchez de
dormir bien vite.

Dodo, l'enfant do,
L'enfant dormira tantôt.

Je n'ai personne pour me bercer.

AIR : *Berce, berce, bonne grand'mère* (de la Chaumière Moscovite).

Berce, berce, douce espérance,
Berce donc le pauvre Arlequin ;
Que le sommeil appaisant sa souffrance,
Le rende heureux, au moins jusqu'à demain.

Berce, berce, etc. etc.

Et puisse un jour une honnête opulence
Etre son réveil-matin.

ENSEMB. {Berce, berce, douce espérance,
{Berce donc le pauvre Arlequin.

(Il s'endort.)

LE CALIFE.

Il s'endort. La modestie de ses desirs me donne de lui
la meilleure opinion ; j'avais voulu d'abord le combler de
richesses : mais ne troublons pas son bonheur, ne lui don-
nons que ce qu'il me demandera.

AIR : *Sentir avec ardeur.*

Entends, cher Arlequin...

ARLEQUIN (*s'éveillant à demi*):

Heim ?

LE CALIFE.

La voix qui t'appelle!

ARLEQUIN.

Que j'ai dans le cœur

Peur.

LE CALIFE.

La fortune est-elle
A tes vœux rebelle ?
Forme vite un desir,
J'y serai fidèle.

ARLEQUIN (*tremblant de peur*).

Ne me fais pas mourir.

LE CALIFE.

N'aie pas peur , je ne veux que ton bien.

ARLEQUIN.

Mon bien , seigneur voleur , je n'ai rien du tout, j'en
suis bien fâché, mais je ne puis avoir l'honneur d'être
volé par votre seigneurie !

LE CALIFE.

La frayeur t'aveugle.

ARLEQUIN.

Qui êtes vous ?

LE CALIFE.

Je suis ton bon génie.

ARLEQUIN.

Mon génie !

LE CALIFE.

J'ai entendu les discours que tu tenais tout-à-l'heure....
N'est-ce pas le simple nécessaire que tu desires.

ARLEQUIN.

Oui, bon génie , le simple nécessaire : puis-je desirer
moins ?

LE CALIFE.

Non sans doute. Mais en quoi consiste-t-il?

ARLEQUIN.

Avec une dragme par jour, je crois que j'aurais un
joli petit nécessaire.

LE CALIFE.

Si elle ne te suffit pas, je te donnerai tout ce que tu me demanderas, mais point de superflu ! toutes les fois que tu auras besoin de moi, tu m'appelleras.

ARLEQUIN.

Oui, mon bon génie ! que je suis heureux !... oh ! par le tombeau de Mahomet, j'allais oublier de vous demander certaines bagatelles qui me seront d'une grande utilité !

LE CALIFE.

Parle.

ARLEQUIN.

Air : *Ça fait toujours plaisir.*

D'avoir un peu ses aises
Je crois qu'il est permis :
Il faudrait quelques chaises,
Pous asseoir mes amis ;
Puis un lit, une table ;
Il faut en convenir,
C'est bien indispensable :
Car manger et dormir
Ça fait (*bis*) toujours plaisir.

LE CALIFE.

Je vais faire meubler ta demeure comme il convient.

ARLEQUIN.

Ah ! je fais une réflexion... Les meubles que vous allez faire apporter ici seront neufs, et la maison est bien vieille !

LE CALIFE,

Air : *Accompagné de plusieurs autres.*

Il faut la faire réparer,
A ce soin je vais me livrer.

ARLEQUIN.

Hélas ! quelle idée est la vôtre !
Je vois par un calcul bien clair
Que cela va coûter très-cher :
Il vaut mieux en bâtir une autre.

LE CALIFE.

C'est juste, et je vais donner des ordres pour cela. Le jour paraît, je te quitte.

Air : *Vaudeville du Secret de Madame.*

J'ai des trésors, rien ne me gêne,
De notre entretien souviens-toi ;

Et si tu te trouves en peine,
Tu peux toujours compter sur moi.

ARLEQUIN.

Ce que vous m'offrez est aimable,
Sur-tout aujourd'hui peu commun :
Il est toujours fort agréable
De pouvoir compter sur quelqu'un.

LE CALIFE.

J'ai des trésors, rien ne me gêne, etc.

ARLEQUIN.

Ne craignez point que je me gêne,
Je sais tout ce que je vous doi,
Et d'aller vous conter ma peine,
Mon cœur veut se faire la loi.

ENSEMBLE.

SCENE IV.

ARLEQUIN.

Quel bonheur d'avoir à ses ordres un bon génie qui prenne soin de pourvoir à tous nos besoins ! je ne lui demanderai que les choses absolument nécessaires. Je ne me soucie pas du superflu ! qu'est-ce que j'en ferais ! ma maison va être rebâtie à neuf, je vais y avoir de bons meubles.... *(Réfléchissant.)* Ah ! mon dieu ! que je suis étourdi !

Air : *Haïss' les femmes qui voudra* (de Haine aux Femmes).

Parbleu, je ne puis le nier,
Ma folie est inconcevable !
Je viens justement d'oublier
Une chose fort agréable (*bis*).
J'aurai des meubles que chacun
   Verra dans ma chaumière ;
Mais il m'en faudrait encore un
   Que je crois nécessaire (*bis*).
Mon génie est de bonne foi,
Il saura ce que je réclame :
En fait de meubles, selon moi,
Le plus joli c'est une femme.

Mon voisin le corsaire, m'avait dit qu'il m'en céderait une de hasard, à bon marché.... J'aimerais autant faire comme pour ma maison, payer un peu plus cher et avoir du neuf ; mais je ne sais pas si c'est nécessaire. Ah ! voilà le voisin.

SCENE V.

GIAFAR (*en corsaire*), ARLEQUIN.

GIAFAR.

Bonjour, voisin.

ARLEQUIN.

Bonjour, corsaire.

GIAFAR.

Que Mahomet vous assiste.

ARLEQUIN.

Vous ne savez pas une nouvelle, corsaire, je suis devenu à mon aise depuis que nous ne nous sommes vus.

GIAFAR.

J'en suis enchanté pour vous : vous avez fait quelqu'héritage ?

ARLEQUIN.

Non, corsaire.

Air de Julie ou le Pot de fleurs.

La fortune long-temps rebelle,
Voulant finir tous mes malheurs,
Cette nuit enfin, moins cruelle,
Vint ici m'offrir ses faveurs :
A sa demande peu commune,
Je me rendis au même instant ;
J'étais trop pauvre et trop galant
Pour fuir cette bonne fortune.

Il ne me manque plus qu'une chose pour être heureux, corsaire.

GIAFAR.

Quoi donc ?

ARLEQUIN.

Une femme.

GIAFAR.

Parbleu ! j'ai votre bonheur dans ma poche.

ARLEQUIN.

Comment cela ?

GIAFAR.

Tenez, voilà plusieurs portraits de femmes que je puis vous donner à bon compte.... Regardez d'abord celle-ci.

ARLEQUIN.

O sangodémi ! elle est vieille et laide !

GIAFAR.

Elle n'est ni de la première jeunesse, ni de la première beauté ; mais c'est une excellente qualité de femme, et depuis dix ans qu'elle est dans mon sérail, j'ai été à même de l'apprécier : je veux vous la faire acheter, parce que c'est vous.

ARLEQUIN.

Eh bien ! faites comme si ce n'était pas moi, gardez-la.

GIAFAR.

Voyez celle-ci.

ARLEQUIN.

Elle est assez bien.

GIAFAR.

Elle n'a qu'un défaut.

ARLEQUIN.

Une femme qui n'a qu'un défaut ?

GIAFAR.

Elle a tant de vertu que la vue d'un homme la met en fureur.

ARLEQUIN.

Et combien coûterait ce dragon ?

GIAFAR.

Air : *Quand Vénus sortit de l'onde.*

Je ne veux pas vous surfaire,
Cent sequins.

ARLEQUIN.

Ah ! le corsaire !

GIAFAR.

Mais regardez-la donc bien :
En vérité, c'est pour rien.

ARLEQUIN.

Cette femme est agréable ,

Mais n'est pas ce qu'il me faut ;
Elle est chère comme un diable.

GIAFAR.

C'est juste ce qu'elle vaut.

ARLEQUIN.

Quel est cet autre portrait que vous mettez dans votre poche, sans me le montrer ?

GIAFAR.

Oh ! c'est trop cher pour vous.

ARLEQUIN.

Voyons toujours.

GIAFAR.

Non, cela ne vous convient pas. C'est un portrait de femme que je vais porter au calife.

ARLEQUIN.

C'est égal ! Oh ! qu'elle est jolie ! qu'elle est jolie !

GIAFAR.

Elle est mieux que son portrait. Figurez-vous une jeune Française....

ARLEQUIN.

Je me la figure.

GIAFAR.

Agée de dix-huit ans.

ARLEQUIN.

Pauvre petite !

GIAFAR.

Qui joue du luth, chante et danse à ravir.

ARLEQUIN.

J'en suis fou !... Et combien voulez-vous en avoir ?

GIAFAR.

J'en demande au calife quatre mille sequins.

ARLEQUIN.

Ah ! mon ami, mon bon et honnête corsaire ! voilà la femme qu'il me faut.

(Le calife se glisse dans la cabane, et se tient au fond pendant le duo suivant.)

DUO *(du Major Palmer)*.

ARLEQUIN.

Pour moi quel bonheur extrême.

GIAFAR.

Oh! ciel! le pauvre garçon.

ARLEQUIN.

J'ai trouvé celle que j'aime.

GIAFAR.

Il a perdu la raison.

ARLEQUIN.

Donnez-moi cette personne,
Pour embellir mes destins,

GIAFAR.

Mon ami, je vous la donne
Pour quatre mille sequins.

ARLEQUIN.

Je la prends: qu'elle est jolie!

GIAFAR.

Mais qui paiera tant d'appas?

ARLEQUIN,

Eh! ce sera mon génie.

GIAFAR.

Je ne vous en croyais pas.

ARLEQUIN.

A mes desirs plus d'entrave,
Cours la chercher à l'instant.

GIAFAR.

Ah! vous n'aurez mon esclave
Que quand j'aurai mon argent.

ARLEQUIN.

Je sais ce que tu réclames.

GIAFAR.

Le calife...

ARLEQUIN.

Sur ma foi,
Il a déjà trois cents femmes;
C'est fort honnête, je crois.

GIAFAR.

Je veux bien vous satisfaire ;
Mais songez au prix, mon cher.

ARLEQUIN.

La femme qui sait nous plaire,
Ne peut se payer trop cher.

GIAFAR (*à part*).

Je veux bien le satisfaire,
Mais il me la paiera cher.

(Arlequin reconduit Giafar, et en revenant trouve le calife en scène.)

SCENE VI.

ARLEQUIN, LE CALIFE.

ARLEQUIN.

Ah ! bon génie, que vous venez à propos !

LE CALIFE.

Que veux-tu ?

ARLEQUIN.

Vous croyez m'avoir donné le nécessaire, et je suis bien loin de l'avoir !

AIR : *Souvent la nuit, quand je sommeille.*

Me faudrait-il passer ma vie
Loin des plaisirs et des amours,
Sans qu'une compagne chérie
Vînt embellir mes tristes jours ?
Oh ! si la femme sur la terre
N'est qu'un superflu.... je sens là
Qu'un superflu comme cela
M'est absolument nécessaire.

LE CALIFE.

Tu as raison, une bonne femme est nécessaire au bonheur d'un honnête homme ; mais prends bien garde au choix que tu vas faire.

AIR : *Vers le temple de l'hymen* (d'Amour et Mystère).

L'hymen paraît te charmer ;
Mais si ta femme est aimable,
Tremble que quelqu'agréable
Ne vienne à s'en faire aimer.

Volage autant que jolie,
Tremble qu'elle ne t'oublie;
Et si la coquetterie
Dans son cœur vient s'installer,
Tremble d'un pareil présage.

ARLEQUIN.

Hélas ! dans le mariage
Il faut donc toujours trembler ?

LE CALIFE.

Apprends-moi quel est l'objet...

ARLEQUIN.

Je suis amoureux comme un fou! or, quand un homme est amoureux, n'est-il pas nécessaire qu'il possède l'objet de son amour?

LE CALIFE.

Sans doute.

ARLEQUIN.

J'aime à la fureur une jeune esclave, mais on veut la vendre quatre mille sequins.

LE CALIFE.

Puisque tu es amoureux, cette dépense est nécessaire. Quel est le marchand?

ARLEQUIN.

C'est le corsaire, mon voisin.

LE CALIFE.

Je vais terminer avec lui, et faire conduire ici cette esclave.

ARLEQUIN.

Je suis dans une joie, dans une ivresse !

Air : *Comme ça vient, comm' ça passe.*

Ah ! pour moi plus d'orage;
Maintenant si je suis si gai,
Après le mariage,
Dites-moi ce que je serai.

Pardonnez à ma folie.

LE CALIFE.

Allons, ami, calme-toi.

ARLEQUIN.

Mais lorsque l'on se marie,
On n'a plus la tête à soi.

Ah ! pour moi plus d'orage, etc.

(*Le calife sort.*)

SCENE VII.

ARLEQUIN.

Je vais donc avoir une jolie femme !

Air d'Azémia.

Ah ! que je sens d'impatience
De voir cet objet enchanteur ;
L'amour, la crainte et l'espérance
Déjà font palpiter mon cœur.
O toi, prophète sage,
Protège mon ménage ;
Tu peux faire, je croi,
Cela pour moi.
Tu sais tout ce que je desire :
Donne-moi des enfans
Charmans,
Que l'on aimera,
Qu'on admirera,
Comme leur papa,
Dont l'air est vraiment } (*bis.*)
Noble et séduisant.

O Mahomet ! quelle gloire pour toi !... Lorsque l'on demandera le pays où se trouvent les meilleurs, les plus heureux maris, chacun citera :

L'empire (*bis*)
L'empire du Croissant.

SCENE VIII.

ARLEQUIN, AZÉLIE (*voilée*), GIAFAR.

GIAFAR.

Seigneur Arlequin , je suis payé , et je vous amène l'esclave en question.

ARLEQUIN.

Oh! comme je sens battre mon cœur, mon cher corsaire ! je vous remercie.

GIAFAR.

Vous faites une bonne affaire. (*A Azélie.*) Voilà votre nouveau maître.

ARLEQUIN.

Je suis sûr que dès qu'elle me verra, elle m'aimera. Voyons. (*Il lui lève le voile.*)

AZÉLIE (*regardant Arlequin*).

Ciel !

ARLEQUIN.

Je l'avais bien dit, elle est enchantée.

AZÉLIE.

Ah ! grand dieu ! seigneur, où m'avez-vous conduite ?

GIAFAR.

Chez le seigneur Arlequin qui est tellement épris de vous, qu'il vient de vous acheter quatre mille sequins.

ARLEQUIN.

Oh ! mon dieu ! oui, sans marchander.

AZÉLIE.

Oh ! ciel ! je serais l'esclave de ce misérable ! Comment as-tu fait pour me payer quatre mille sequins ?

AIR : *Pauvre petit, qu'il est gentil* (de Renaud-d'Ast).

Je n'aurai point de diamans
Ni de cachemires brillans,
O destinée affreuse !
Je suis bien malheureuse !
(*A Arlequin.*) Je te déteste !

ARLEQUIN.

Quels tourmens !

GIAFAR.

Comme ces amans
Sont charmans !

Le Néces. et le Sup.   2

AZÉLIE.

Oh! oui! oh! oui! oh! oui! je suis bien malheureuse!

ARLEQUIN.

Oh! non! oh! non! oh! non! tu n'es pas malheureuse!

GIAFAR *(riant)*.

Ah! ah! ah! ah! ah! ah! l'aventure est heureuse!

GIAFAR *(sortant)*.

Voilà une entrevue bien tendre! adieu, je suis payé, arrangez-vous comme vous voudrez.

SCÈNE IX.

ARLEQUIN, AZÉLIE.

ARLEQUIN.

J'ai donné toute ma fortune pour vous posséder! oh! tranquillisez-vous; avec moi vous ne serez pas riche, mais vous serez sûre d'avoir le nécessaire, et c'est toujours fort agréable pour une femme.

AZÉLIE.

Sans toi, j'aurais habité un palais, une campagne délicieuse, j'aurais été parée des plus fines étoffes, couverte de bijoux et de diamans.

Air : *La Boulangère.*

Sans toi mon sort serait rempli;
Dans mon bonheur extrême,
J'allais avoir pour favori
Le calife lui-même :
Mais tu vas être mon mari,
Et tu veux que je t'aime
Aujourd'hui,
Et tu veux que je t'aime!

ARLEQUIN.

Mais, charmante Azélie, sans être riche, je puis te paraître aimable.

Air de *l'Anglaise.*

J'ai des talens
Charmans,

Qui valent la fortune ;
Ma gaîté peu commune
Charmera tes instans.
Je chanterai,
Je danserai,
A chaque instant je te divertirai ;
Je saurai par mille plaisirs
Prévenir tes desirs.

Air de Walse.

Vas ne crois pas que les plaisirs parfaits
Doivent toujours habiter les
Palais ;
L'ennui souvent
Vient désoler un grand ;
Dans sa chaumière un petit
Toujours rit :
D'une aimable liberté,
La médiocrité
Nous assure l'usage ;
Le nécessaire est ma loi,
Tu l'auras avec moi,
C'est le trésor du sage.

Air de Montano.

Amour, amour,
Pour toi, jusqu'à mon dernier jour ;
Hélas ! hélas !
Je meurs si tu ne m'aimes pas !

AZÉLIE.

Il est aimable ; quel dommage qu'il ne soit pas plus
fortuné !

ARLEQUIN.

Azélie, demande, ordonne, tu seras obéie.

AZÉLIE.

D'abord, conduis-moi dans un logement digne de moi.

ARLEQUIN.

Le génie m'avait promis une autre maison ; mais elle ne
serait pas assez belle pour toi.

Air de la walse de Pauvre Diable.

Je vais encore implorer mon génie ;
Mais comme il craint les regards curieux,
Tout près d'ici je cours, belle Azélie,
Et dans l'instant je reviens en ces lieux.

AZÉLIE.

Pauvre Arlequin, penses-tu, pour me plaire,
Que ton génie exauce tes souhaits?

ARLEQUIN.

Puisqu'il me veut donner le nécessaire,
Il ne me peut refuser un palais.

AZÉLIE.

Cours de ce pas implorer ton génie,
Et s'il se peut qu'il écoute tes vœux,
Tu dois compter sur l'amour d'Azélie;
Oui, nous pourrons passer des jours heureux.

ARLEQUIN.

Je vais encore implorer, etc.

(Il sort.)

SCÈNE X.

AZÉLIE (*seule*).

Si ce bon génie est raisonnable, il fera pour moi tout
ce qu'Arlequin va lui demander.

SCÈNE XI.

AZÉLIE, GIAFAR, ESCLAVES (*au fond*).

GIAFAR (*aux esclaves*).

Esclaves, faites, comme je vous l'ai ordonné, disparaître
les faibles parois de cette mazure, afin que nous nous
trouvions dans le jardin du palais, aux murs desquels
elle se trouve adossée. *(Ils se retirent.)*

AZÉLIE.

Cette mazure est si triste! ces meubles si grossiers!...
Chez le calife, j'aurais été entourée de richesses et de
plaisirs, j'aurais vu... *(Ici le théâtre change et représente l'intérieur d'un jardin magnifique.)* Ah! ciel! que
vois-je! le génie a exaucé ma prière! il est juste, c'est
un génie charmant.

SCENE XII.

LES MÊMES, ESCLAVES (*apportant des présens*).

Air marche du Calife de Bagdad.

CHŒUR.

De la belle Azélie
Suivons chaque désir,
Et semons sur sa vie
Les roses du plaisir.

Mettons-nous à l'ouvrage
Toujours avec gaîté...
On aime l'esclavage
Quand on sert la beauté.

De la belle Azélie, etc.

AZÉLIE.

Les superbes étoffes! les beaux vases!... Ah! voilà des
instrumens de musique; je suis folle de la musique......
Il m'a dit qu'il l'aimait!... il aime aussi la danse... Je ne
danse pas mal... (*Elle saisit un luth*). Je suis d'une joie ...
Mais où est-il donc?.. Voyons si je n'ai pas oublié ces
deux talens qui lui plaisent.

(*Elle s'asied et chante en s'accompagnant.*)

Air de M. Doche.

Arlequin, tu seras heureux,
Te plaire est mon bonheur suprême.
Un amant noble et généreux
Sait se faire aimer comme il aime.
Mon doux refrain dans ce séjour
Est désormais tout pour l'amour.

CHŒUR.

Son doux refrain, etc.

SCENE XIII.

LES MÊMES, ARLEQUIN (*richement vêtu, se
tenant au fond et contemplant Azélie*).

AZÉLIE.

Même air.

Qui nous fait la cour aussi bien,
Doit se livrer à l'espérance :

De deux cœurs le premier lien
N'est-il pas la reconnaissance ?
Mon doux refrain dans ce séjour
Est désormais : tout pour l'amour.

ARLEQUIN (*se montrant à Azélie*).

Disons tous deux dans ce séjour :
Oui désormais tout pour l'amour.

O ma chère Azélie ! tous nos vœux sont comblés !

AZÉLIE.

Oui ; je te pardonne maintenant d'avoir lié mon sort au tien.

ARLEQUIN.

Tu ne t'en repentiras pas ! Tu vois ce que le bon génie a fait pour moi.

AZÉLIE.

Te voilà vêtu comme il convient ; mais moi je suis d'une simplicité ridicule : il me faut des habits plus brillans.

ARLEQUIN.

Tu es si bien comme cela !

AIR : *J'aime Henriette.*

Ah ! ne vas pas d'une vaine parure,
En les couvrant, déguiser tes attraits ;
Pour conseiller ne prend que la nature,
De ta beauté seule elle fit les frais.
Lorsque l'amour voltige sur tes traces,
De trop d'atours pourquoi lui faire peur ?
Un voile seul peut convenir aux grâces,
Et c'est celui que leur met la pudeur.

AZÉLIE.

Je sais ce qu'il me faut. Je te quitte un instant pour examiner mon appartement et faire un peu de toilette. Esclaves, suivez-moi.

CHŒUR.

De la belle Azélie
Suivons chaque desir,
Et semons sur sa vie
Les roses du plaisir.

SCÈNE XIV.

ARLEQUIN.

Me voilà donc heureux !... je ne manque plus de rien...
Ah ! mon génie, je ne voudrais vous voir maintenant que
pour vous remercier !

SCÈNE XV.

ARLEQUIN, LE CALIFE.

LE CALIFE.

Me voici ; tous tes vœux sont donc comblés ?

ARLEQUIN.

Oh ! mon Dieu, oui, bon génie. Je desirais ta présence pour te rendre mille graces, Azélie et moi..... A
propos d'Azélie, elle est maintenant dans notre palais ; je
ne suis pas auprès d'elle. O mon bon génie, il me faut
encore quelque chose.

LE CALIFE.

Est-ce une chose nécessaire ?

ARLEQUIN.

Oh ! de la première nécessité. Je serai souvent obligé
de quitter Azélie pour vaquer à mes affaires.... Je suis
un peu jaloux ; donnez-moi quelques eunuques pour la
garder.

LE CALIFE.

Combien t'en faut-il ?

ARLEQUIN.

Air de la Cinquième Edition.

Il est des maris complaisans,
Dont l'indulgence guide l'ame,
Deux eunuques sont suffisans
Pour garder chez eux une femme !

La mienne est coquette, entre nous,
Et leur donnerait trop de peine;
Elle est Française, voyez-vous;
Nous pouvons mettre la douzaine.

LE CALIFE.

J'y consens, tu auras tes douze eunuques.

ARLEQUIN.

Tenez, mettez le treizième par-dessus le marché.

LE CALIFE.

Volontiers.

ARLEQUIN.

Oh! à présent je n'ai plus rien à vous demander....
Ma propriété est charmante; cependant je viens de voir
en la parcourant une terre superbe qui l'avoisine : ce sont
des métairies, des prés, des bois, qui me seraient bien
nécessaires.

LE CALIFE.

Ces biens valent au moins cent mille tomans ; mais
puisque tu les juges nécessaires...

ARLEQUIN.

Oh! absolument.

LE CALIFE.

Ils sont à toi.

ARLEQUIN.

Je savais bien que je ne pouvais m'en passer.... Par
exemple, il me faudra pour les entretenir un plus grand
nombre d'esclaves, des jardiniers, des laboureurs.

LE CALIFE.

C'est juste.

ARLEQUIN.

N'est-il pas vrai?

LE CALIFE.

Tu les auras.

ARLEQUIN.

Tout ce que je vous demande là est d'une nécessité
absolue! Je ne suis pas exigeant.

LE CALIFE.

Non.

(25)

ARLEQUIN.

Je ne suis pas de ces gens insatiables, dont l'ambition
n'a point de bornes.

LE CALIFE.

Tu ne leur ressembles nullement.

ARLEQUIN *(enthousiasmé)*.

Me voilà donc dans une belle propriété, qui me suffira
pour... Ah ! bon génie, regardez donc par là.

LE CALIFE.

Eh bien ?

ARLEQUIN.

Ne trouvez-vous pas que cette mauvaise bicoque qui
est là au bout du jardin, gêne la vue ?

LE CALIFE.

Il est vrai qu'elle est assez mal placée.

ARLEQUIN.

Elle gâte ce joli paysage... Pourquoi y a-t-il de mau-
vaises petites chaumières comme cela... Il ne devrait y
avoir que des palais comme le mien.

LE CALIFE.

Air romance de Téniers.

Sous ce chaume que tu méprises,
Habite un homme vertueux ;
Du sort il craint peu les surprises,
Car il n'est point ambitieux.
Sa pauvreté doit faire envie ;
Il n'a, dit-il, besoin de rien :
Aux vains desirs il dérobe sa vie,
Et ses vertus voilà son bien.

ARLEQUIN.

S'il a le nécessaire, il doit être heureux ! Cette diable
de cabane me contrarie ; elle cache le plus beau point
de vue !... Je vais lui dire de me la vendre.

LE CALIFE.

Il ne le voudra pas.

ARLEQUIN.

Je la lui payerai le double de sa valeur.

LE CALIFE.

Je te répète qu'il n'y consentira pas.

ARLEQUIN.

Il ne faut pourtant pas qu'un homme comme moi ait continuellement devant les yeux une misérable cabane, qui fait un contraste abominable avec son palais.

LE CALIFE.

Le calife seul pourrait contraindre cet homme, et il faut pour cela qu'il trouve ta demande juste.

ARLEQUIN.

Oh! le calife est un souverain équitable, il forcera cet homme-là à me vendre sa cabane.

LE CALIFE.

Ecoute, le calife est précisément à la chasse dans le voisinage : je me charge de diriger ses pas de ce côté, tu lui adresseras ta requête.

ARLEQUIN.

Oh! mon bon génie, que de grâces! Je regarde déjà la chaumière comme abattue.

LE CALIFE.

Prépare-toi à recevoir ton souverain.

SCENE XVII.

ARLEQUIN, *ensuite* **AZÉLIE** (*en grande parure*).

ARLEQUIN.

Le calife va me faire rendre justice ! Ah ! te voilà, Azélie, comme tu es gentille! tu ne sais pas notre nouveau bonheur. Ces terres voisines, ces prés, ces bois, sont à moi ; me voilà le plus riche particulier de l'empire, et, pour comble de bonheur, mon bon génie va amener ici le calife lui-même.

AZÉLIE.

Le calife !

ARLEQUIN.

Oui, madame. Vous allez rentrer dans votre appartement.

AZÉLIE.

Je veux voir le calife, moi.

ARLEQUIN.

A propos, crois-tu, ma chère, que je puisse me contenter d'une seule femme ?

AZÉLIE.

Comment ?

ARLEQUIN.

Oui. Il n'y a que les gens du peuple, les misérables, qui se contentent d'une seule femme ; tous les gens comme il faut en ont quarante, cinquante ; mais je crois qu'avec une vingtaine j'aurais le nécessaire : qu'en penses-tu ?

AZÉLIE.

Que je suis malheureuse !

Air de la Récréation du Monde.

Tu m'outrages déjà méchant ;
Je punirai ta perfidie :
Ne dois-tu pas savoir comment
Se venge une femme jolie ?

ARLEQUIN.

Madame Arlequin , par pitié ,
Point de ces accès de colère !
En vous prenant pour ma moitié ,
Je veux vous avoir toute entière.

AZÉLIE.

Traître !

ARLEQUIN.

Trève de douceur, ma bonne amie, je n'aurai d'autres femmes que pour avoir le plaisir de te préférer à elles. Mais qu'entends-je !... des chants, des cris de joie... C'est sûre-

ment le calife. *(Il frappe trois coups dans ses mains.)*
Holà! tous mes esclaves.

SCENE XVIII.

LES MÊMES, ESCLAVES.

ARLEQUIN *(aux esclaves qui accourent).*

AIR : Vaudeville d'Une Visite à Saint-Cyr.

Que vos chants fassent connaître
Et prouvent vos sentimens.
Quel bonheur pour votre maître...
En ce séjour va paraître
Le commandeur des croyans!

CHŒUR.

Que nos chants, etc.

ARLEQUIN.

Le voilà! le voilà!

SCENE XIX ET DERNIÈRE.

LES PRÉCÉDENS, LE CALIFE *(richement vêtu)*, GIAFAR, Suite.

CHŒUR.

Air de Jeanne d'Arc.

Vive, vive sans cessé
Ce prince, amour de ses états ;
Le bonheur, l'allégresse ,
Accompagnent par-tout ses pas.

GIAFAR.

Jusque dans la poussière
Que l'on se prosterne à l'instant.

ARLEQUIN.

Puisque c'est nécesssaire ,
Je me prosterne en frémissant.

CHŒUR.

Vive, vive sans cesse, etc.

GIAFAR.

Approche, Arlequin, le commandeur des croyans te permet de baiser la poussière qui environne son trône.

ARLEQUIN.

Je n'ose approcher... Oh! ciel! que vois-je! quoi! le calife est mon bon génie!... Et vous, seigneur corsaire!...

GIAFAR.

Son premier visir.

ARLEQUIN.

Je tremble de frayeur et de respect.

LE CALIFE.

Rassure-toi, tu m'as sauvé la vie, j'ai voulu t'en témoigner ma reconnaissance.

ARLEQUIN.

Quoi! seigneur, vous étiez ce marchand Arménien?

LE CALIFE.

Que tu défendis contre des malfaiteurs. Quelle est cette jeune femme?

ARLEQUIN.

C'est Azélie, cette esclave pour laquelle vous m'avez donné quatre mille sequins; mais, seigneur, il s'agit d'une chaumière...

LE CALIFE.

Je le sais.... Approchez, Azélie... et levez ce voile... (*Azélie lève son voile.*) Elle est charmante! Giafar, qu'on la mène dans mon sérail, une telle beauté me manquait pour le completter: je vais t'en faire remettre le prix.

ARLEQUIN.

Mais, seigneur, je ne veux pas la vendre.

LE CALIFE.

Je te la payerai le double de ce qu'elle t'a coûtée.

ARLEQUIN.

Hélas! seigneur, je ne puis m'en séparer.

LE CALIFE.

Et tu voulais tout-à-l'heure que je forçasse un malheureux à te céder sa propriété.

ARLEQUIN.

C'est qu'on ne tient pas à une vieille mazure autant
qu'à une jeune femme.

LE CALIFE.

Tu m'as demandé le simple nécessaire; j'ai vu que ce
mot n'était qu'illusoire, et que tous mes trésors ne pour-
raient te satisfaire. Pour prix du service que tu m'as
rendu, je te laisse Azélie et tout ce que tu tiens de ma
générosité; mais puisqu'il faut que l'homme desire quelque chose, tu n'auras jamais cette cabane dont l'aspect
te contrarie : que sa vue, au contraire, t'apprenne à
modérer tes desirs, et te rappelle l'état obscur d'où mes
bontés t'ont fait sortir.

ARLEQUIN.

Seigneur, je n'oublierai jamais vos bienfaits!... (*A
part.*) Mais cette cabane va rester là; il faut faire contre
fortune bon cœur...(*Haut.*) Esclaves, que l'on fasse brûler
les parfums dans des cassolettes d'or; qu'on apporte ici
des sophas; que le palais soit illuminé, et qu'on prépare
un festin magnifique pour célébrer la présence du calife.
(*A part.*) Oh ! Mahomet, je vois bien que je n'aurai
jamais le nécessaire.

VAUDEVILLE.

LE CALIFE.

Air nouveau de M. Doche.

Insatiable en ses desirs,
L'homme pour jouir se tourmente;
Honneurs et fortune et plaisirs,
Il veut tout... rien ne le contente.

Mais dans ses transports, je l'ai vu
Courir après une chimère;
Et, pour avoir le superflu,
Perdre souvent le nécessaire.

GIAFAR.

J'aime la libéralité
Dans un époux galant, affable;
Un peu de prodigalité
Est un defaut fort agréable.
Plus d'un mari, sans être ému,
A sa femme oubliant de plaire,
Loin de donner le superflu,
Ne donne pas le nécessaire.

AZÉLIE.

Sur les maris, à tous momens,
J'entends lancer mainte épigramme.
Il sont, dit-on, peu complaisans,
Ils ont peu d'amour pour leur femme.
On dit même qu'ils sont bourrus,
Qu'il faut fuir ces jaloux sévères.
Tous ces discours sont superflus,
Et les maris sont nécessaires.

ARLEQUIN (*au public*).

Messieurs, je vais vous faire voir
Jusqu'où va mon bon caractère:
Je ne demande pas ce soir,
Pour une pièce aussi légère,
Qu'un bruit de bravos soutenu,
Fasse crouler la salle entière;
Non, ce serait du superflu,
Je ne veux que le nécessaire.

FIN.

www.ingramcontent.com/pod-product-compliance
Ingram Content Group UK Ltd.
Pitfield, Milton Keynes, MK11 3LW, UK
UKHW022236070726
13613UKWH00004B/1965